31 mai 1912

COLLECTION DE MONSIEUR X...

—

ANCIENNES PORCELAINES DE SAXE

Porcelaines diverses

FAIENCES — GRÉS

CATALOGUE

DES

ANCIENNES

Porcelaines de Saxe

GROUPES, STATUETTES, VASES, ETC.

PORCELAINES DIVERSES

*D'Amsterdam, Angleterre, Frankenthal
Furstenberg, Hoescht, La Haye, Louisbourg, Niederviller
Venise, Zurich, etc.*

FAIENCES — GRÈS

Composant la Collection de Monsieur X...

Et dont la Vente aux enchères publiques aura lieu

HOTEL DROUOT, SALLE N° 8

LE VENDREDI 31 MAI 1912

à deux heures

COMMISSAIRE-PRISEUR	EXPERTS
Mᵉ F. LAIR-DUBREUIL	MM. PAULME & B. LASQUIN Fils
6, rue Favart	10, rue Chauchat | 11, rue Grange-Batelière

EXPOSITION PUBLIQUE

Le Jeudi 30 Mai 1912, de 1 heure 1/2 à 6 heures

CONDITIONS DE LA VENTE

Elle sera faite au comptant.

Les adjudicataires paieront *dix pour cent* en sus des enchères.

L'exposition mettant le public à même de se rendre compte de l'état et de la nature des objets, aucune réclamation ne sera admise une fois l'adjudication prononcée.

Paris. — Imp. de l'Art, Ch. Berger, 41, rue de la Victoire.

DÉSIGNATION

PORCELAINES DE SAXE

1 — **Saxe**. Vase avec couvercle en porcelaine décorée sur fond bleu de deux médaillons réservés, anses à têtes de cygnes en bronze doré.

2 — **Saxe**. Paire de vases ovoïdes avec couvercles en porcelaine, décor de paysages maritimes, fleurs et insectes.

3 — **Saxe**. Coq, grandeur nature, en porcelaine décorée au naturel.

4 — **Saxe**. Paire de vases, de forme Médicis, à anses formées d'amours, en porcelaine, décorés de sujets galants; montures en bronze doré à feuillages avec fleurs.

5 — **Saxe**. Fontaine, formée d'un tonnelet surmonté d'une figure de Bacchus, en porcelaine, décorée de fleurs et paysage maritime, repose sur un pied en bronze ciselé doré, formé de dauphins, roseau et rocailles.

6 — **Saxe**. Très grande coupe en porcelaine, décorée en relief de coqs, figures, coquilles, fleurs, etc., repose sur quatre pieds à griffes et volutes.

7 — **Saxe**. Paire de tasses avec leurs soucoupes en ancienne porcelaine, décors chinois en dorure.

8 — **Saxe**. Deux tasses à anse avec leurs soucoupes en ancienne porcelaine, décor à sujets d'animaux, ours, chiens et volatiles.

9 — **Saxe**. Pot à lait en ancienne porcelaine blanche, décoré en relief de branchages fleuris.

10 — **Saxe**. Grande verseuse avec couvercle en ancienne porcelaine, décorée de sujets de chasse en camaïeu violet.

11 — **Saxe** (Marcolini). Paire de petits vases ovoïdes à piédouche et anses en ancienne porcelaine, décorés de fleurs et guirlandes de feuillages avec rubans en relief.

12 — **Saxe**. Cafetière avec couvercle en ancienne porcelaine, décor de style chinois en couleurs et dorure.

13 — **Saxe.** Chocolatière en ancienne porcelaine, de forme cylindrique, à décor de
médaillons, paysages maritimes réservés sur fond lie de vin.

14 — **Saxe.** Petite coupe couverte, faite
d'un sucrier, en ancienne porcelaine, décorée de médaillons à paysages maritimes réservés sur fond vert, montée en
brûle-parfum en bronze ciselé doré.

15 — **Saxe.** Sucrier couvert, de forme octo-
gonale, en ancienne porcelaine, décoré
de deux médaillons à paysages animés
de figures réservées sur fond vert d'eau;
intérieur doré.

16 — **Saxe.** Tasse et sa soucoupe en ancienne porcelaine, décor analogue au
sucrier précédent.

17 — **Saxe.** Bol en ancienne porcelaine, décor de paysages avec ruines, troupeaux
et figures.

18 — **Saxe.** Petit plat en ancienne porcelaine, à décor japonais en bleu, rouge
et or.

19 — **Saxe.** Paire d'assiettes en ancienne porcelaine, à décor japonais en bleu, rouge
et or, rehaussé d'émaux de couleurs.

20 — **Saxe**. Vase pot-pourri en ancienne
porcelaine, repose sur une base à ro-
cher, avec tronc d'arbre, fleurs, chien et
volatile.

Haut., 22 cent.

21 — **Saxe**. Écuelle couverte avec son présentoir en ancienne porcelaine, à décor
coréen, tigres et fleurs.

22 — **Saxe**. Petite statuette en ancienne porcelaine : Acteur de la Comédie italienne,
en costume de mousquetaire.

23 — **Saxe**. Petite statuette en ancienne porcelaine : Acteur de la Comédie italienne,
tenant son bonnet de la main gauche.

24 — **Saxe**. Petite statuette en ancienne porcelaine : Acteur de la Comédie italienne,
présentant une lettre de la main droite.

25 — **Saxe**. Petite statuette en ancienne porcelaine : Officier en costume Louis XV.

26 — **Saxe**. Petite statuette en ancienne porcelaine : Allégorie de l'Été.

27 — **Saxe**. Petite statuette en ancienne porcelaine : Jeune femme tenant son éven-
tail au-dessus de la tête.

28 — **Saxe**. Statuette en ancienne porcelaine : Chasseur tenant son fusil, son chien auprès de lui.

29 — **Saxe**. Autre statuette analogue, avec quelques variantes.

30 — **Saxe**. Petite statuette en ancienne porcelaine : Chasseur en costume vert, tenant un fusil, son chien couché près de lui.

31 — **Saxe**. Statuette en ancienne porcelaine : le Colporteur, tenant une carte géographique.

32 — **Saxe**. Deux statuettes en ancienne porcelaine, faisant pendants : Pêcheur et Pêcheuse.

33 — **Saxe**. Statuette en ancienne porcelaine : Acteur de la Comédie italienne en costume rouge et manteau noir.

34 — **Saxe**. Groupe en ancienne porcelaine : l'Indiscret, sujet galant à trois personsonnages.

Haut., 16 cent.; larg., 13 cent.

35 — **Saxe**. Groupe en ancienne porcelaine : Allégorie des Quatre Saisons, figurées par quatre enfants. Terrasse en bronze, feuillages et rocailles.

Haut., 15 cent.; larg., 17 cent.

36 — **Saxe**. Groupe en ancienne porcelaine :
l'Été, composition de quatre enfants
moissonneurs.

Haut., 14 cent.; larg., 19 cent.

37 — **Saxe**. Grande statuette en ancienne
porcelaine : Diacre portant un crucifix,
sur socle adhérent.

Haut., 39 cent.

38 — **Saxe**. Grande statuette en ancienne
porcelaine : Personnage chinois jouant
de la guitare, vêtu d'un costume jaune
et d'un manteau bleu.

Haut., 32 cent.

39 — **Saxe**. Statuette en ancienne porcelaine : Vieillard figurant l'Hiver.

Haut., 24 cent.

40 — **Saxe**. Petit groupe en ancienne porcelaine : Sujet mythologique à trois per-
nages.

41 — **Saxe**. Groupe en ancienne porcelaine :
l'Asie, figurée par une femme assise sur
un chameau couché, auprès d'un pal-
mier.

Haut., 19 cent.

42 — **Saxe**. Cygne marchant en ancienne
porcelaine décorée au naturel.

43 — **Saxe.** Boîte ovale en ancien émail, décor de scènes villageoises avec inscription.

44 — **Saxe.** Petit chien carlin couché et se mordant le dos, en ancienne porcelaine, décor naturel.

PORCELAINES DIVERSES

45 — **Allemagne.** Deux statuettes faisant pendants en ancienne porcelaine : Paysan et Paysanne.

46 — **Allemagne.** Statuette en ancienne porcelaine surdécorée : Danseuse, sur un socle adhérent.

47 — **Allemagne.** Deux statuettes faisant pendants en ancienne porcelaine surdécorée : Acteurs, sur socles adhérents.

48 — **Allemagne** (?) Petit groupe de deux figures en ancienne porcelaine blanche.

49 — **Amsterdam.** Paire de bouteilles de forme piriforme et aplatie en ancienne porcelaine, à décor de paysages maritimes.

50 — **Amsterdam.** Boîte oblongue en ancienne porcelaine décorée de figures et paysages en camaïeu violet.

51 — **Angleterre.** Deux statuettes en ancienne porcelaine surdécorée : Jeune homme et jeune femme tenant une coquille formant coupe.

52 — **Frankenthal.** Flacon à thé, de forme carrée, en ancienne porcelaine, décor de paysages avec vache et chèvre.

53 — **Frankenthal.** Théière en ancienne porcelaine, décor de paysage avec cavaliers ; le bec formé d'une tête de chimère.

54 — **Frankenthal.** Verseuse avec couvercle en ancienne porcelaine, décor de paysage avec cours d'eau.

55 — **Frankenthal.** Verseuse avec son couvercle en ancienne porcelaine, décor d'oiseaux sur des branchages en camaïeu vert.

56 — **Frankenthal.** Petite statuette en ancienne porcelaine : Joueur de basson.

57 — **Frankenthal.** Petite statuette en ancienne porcelaine : Jeune femme tenant des fleurs.

58 — **Frankenthal.** Deux groupes faisant pendants en ancienne porcelaine : Sujets galants ; composés chacun de deux figures.

Haut., 14 cent.; larg., 15 cent.

59 — **Furstenberg.** Écuelle avec couvercle et son présentoir en ancienne porcelaine, décor à sujet champêtre.

60 — **Furstenberg.** Théière et pot à lait couverts en ancienne porcelaine, décors de sujets pastoraux et bosquets.

61 — **Hoescht.** Théière en ancienne porcelaine, décor de paysages avec lacs.

62 — **Hoescht.** Verseuse avec son couvercle en ancienne porcelaine, décor de paysage avec troupeau et ruines.

63 — **Hoescht.** Paire de salières doubles en ancienne porcelaine, corbeilles et figurines.

64 — **Hoescht.** Important groupe en ancienne porcelaine : le Repas des chasseurs ; terrasse en bronze à rocailles.

Haut., 18 cent.; larg., 27 cent.

65 — **Hoescht.** Statuette en ancienne porcelaine : Enfant jouant du violon.

66 — **Italie (?).** Sucrier couvert, de forme ovoïde, à piédouche, en ancienne porcelaine, décoré de paysage en camaïeu rose.

67 — **Italie (?).** Paire de tasses avec leurs soucoupes en ancienne porcelaine, décors de paysages avec militaires.

68 — **Italie (?).** Grande verseuse en ancienne porcelaine, décor à sujet grotesque sur fond rose. (Imitation de Saxe.)

69 — **La Haye.** Pot à lait couvert en ancienne porcelaine, décor de sanglier et bouc dans des paysages.

70 — **Louisbourg.** Verseuse avec couvercle et trois pieds en ancienne porcelaine, décor de paysage en camaïeu violet.

71 — **Louisbourg.** Petite statuette en ancienne porcelaine : Jardinier accoudé sur sa bêche.

72 — **Louisbourg.** Petite statuette en ancienne porcelaine : Homme vêtu d'un manteau fourré, avec manchon.

73 — **Louisbourg.** Important groupe en ancienne porcelaine : la Mère de famille.

Haut., 21 cent. ; larg., 22 cent.

74 — **Louisbourg**. Petit groupe en ancienne porcelaine : Cerf attaqué par des chiens.

75 — **Niederviller**. Deux petits groupes faisant pendants : la Marchande de pommes et la Joueuse de vielle.

76 — **Niederviller**. Groupe en ancienne porcelaine : les Trois Grâces enguirlandées de fleurs.

77 — **Venise**. Groupe en ancienne porcelaine : le Dénicheur, composition de quatre figures.

Haut., 29 cent.

78 — **Venise**. Groupe en ancienne porcelaine : Scène familiale, composée de quatre figures.

Haut., 21 cent.

79 — **Venise**. Deux coupes, formées de coquilles portées par un sphinx, en ancienne porcelaine.

80 — **Zurich**. Deux grandes statuettes faisant pendants, en ancienne porcelaine : Homme fumant sa pipe et jeune femme au manchon.

Haut., 215 mil.

OBJETS DIVERS

FAIENCES, GRÈS, VERRES

81 à 85 — **Allemagne.** Sept pièces diverses en grès décoré en relief : pichets, pots, cruches. Montures en étain. (Seront divisées.)

86 — **Allemagne.** Deux grands verres émaillés en couleurs.

87 — **Italie.** Deux grandes statuettes en ancienne faïence : Musiciens couronnés de lierre; se font pendants.

88 — **Nevers.** Paire de compotiers à bord godronné en ancienne faïence émaillée bleu, cailloutée blanc.

www.ingramcontent.com/pod-product-compliance
Lightning Source LLC
LaVergne TN
LVHW011021180726
843502LV00007B/2683